AF322104

COURTE NOTICE

SUR

LES PRINCIPAUX TRAVAUX SCIENTIFIQUES

DE JOSEPH SILBERMANN (*)

Élève et préparateur de physique au COLLÉGE DE FRANCE

DES PROFESSEURS FÉLIX SAVART ET VICTOR REGNAULT

Membres de l'Institut

— De 1838 à 1871 —

1° D'octobre 1838 à mars 1841. J'ai assisté Félix Savart dans toutes ses recherches sur l'acoustique et l'hydrodynamie (neuf séries de recherches).

Savart en mourant m'a légué sa collection des mémoires de l'Académie.

2° De 1841 à 1853. J'ai assisté M. Victor Regnault dans ses recherches sur la chaleur spécifique des corps, sur la dilatation des gaz, sur la compressibilité des gaz, des liquides et des corps solides, sur la force élastique et la chaleur latente de la vapeur, sur l'hygrométrie, sur la comparaison du thermomètre à air avec celui à mercure, etc., etc.

(Douze séries de recherches)

(Voir les remercîments que M. Regnault adresse à ses élèves dans l'introduction du premier volume de ses mémoires à l'Académie des sciences. 1847).

DIAGRAMMES.

3° De 1841 à 1869. Pour rendre l'enseignement de la physique plus facile et plus rapide, j'ai créé pour le cours de M. Regnault au collége de France, une collection de cinq cents diagrammes peints à l'huile. (Voir le rapport élogieux du jury de la 8e classe à l'exposition universelle de 1855). Vingt et un établissements de haut enseignement de Paris, Lyon, de Russie, de Suède, d'Angleterre, des Etats-Unis, de Suisse, etc., ont reconnu, en l'adoptant, les avantages considérables, qui résultent de cette création pour l'enseignement.

La plus grande partie a été éxécutée à mes propres frais. La collection vaut environ 20.000 francs.

Pour ce fait, M. l'Administrateur du Collége de France, depuis cinq ans, me gratifie chaque année d'une somme de douze cents francs d'indemnité.

(*) Né à Neuf-Brisach en 1819, frère de Jean-Thiébault Silbermann, conservateur des collections du Conservatoire des Arts-et-Metiers, mort en 1865.

1871.

APPAREILLAGE ECONOMIQUE.

4° Pour rendre l'acquisition des instruments de physique infiniment moins onéreuse, plus commode pour les démonstrations et l'exécution expérimentale des data de la science, aussi bien que pour celle des désidérata, j'ai imaginé un système rationnel et économique d'appareillage de physique, lequel offre en même temps le précieux avantage pour les investigateurs, de se prêter à des recherches expérimentales nouvelles sur tous les genres de questions, système approuvé par M. Regnault, exposé publiquement, en 1861, par M. Desains à son cours à la Sorbonne, décrit dans le bulletin du congrès des sociétés savantes de France à Paris, publié par le ministère de l'instruction publique ; décrit également par le professeur Krist de Vienne, dans le journal de technologie de la physique, par le docteur Carl à Munich, description accompagnée de 13 planches gravées, introduit dans l'enseignement classique par le professeur Müller de Fribourg, dans la 8e édition de son grand traité de physique. Enfin ce système d'appareillage a été réalisé, pour la première fois, à la demande du comte Sormani Moretti, premier secrétaire de l'ambassade italienne à Paris, pour l'Institut technique de Reggio. Il en existe un spécimen pour les expériences de M. Regnault à l'école normale spéciale de Cluny. Plusieurs professeurs d'universités allemandes ont adopté ce système à la fois rationnel et économique pour leurs recherches.

NOUVELLE POMPE ASPIRANTE ET FOULANTE.

5° En 1842, j'ai imaginé, pour faciliter les expériences de M. Regnault, un système de pompe à main, aspirante et foulante, laquelle s'est rapidement répandue dans tous les laboratoires de physique et de chimie d'Europe et d'Amérique.

En 1855, j'ai fait construire une grande pompe aspirante et foulante, à deux corps de pompe, munie de deux robinets concentriques permettant l'interversion des communications entre les diverses espèces de soupapes et quatre récipients. (Voir le rapport du jury de la 8e classe, sur l'exposition de Favre et Kunemann). — Cette pompe a été acquise par l'université de Dublin.

ROBINET A INTERVERSION ET POMPE.

6° En 1856, M. Regnault a présenté de ma part, à l'académie des sciences, un perfectionnement considérable de ma première pompe, dû à une nouvelle espèce de robinet que je venais d'imaginer, lequel, par la variété des interversions de fonctions entre six conduits, permet aux chimistes et aux physiciens de faire une multitude d'opérations qu'il était impossible ou malaisé de faire avant.

Cette pompe, à son tour, s'est répandue rapidement dans tous les laboratoires. (Voir les catalogues des constructeurs et le rapport de M. Layit à l'Exposition universelle de 1862.)

NOUVEAU PRISME A ANGLE VARIABLE

7° 1864. Nouveau prisme à angle variable pour liquides, d'une simplicité absolue. Comme construction, c'est un prisme creux, composé de cinq plaques de verre, permettant d'exécuter douze séries d'expériences fondamentales, sur la réfraction, la dispersion, l'absorption, etc., adopté par un grand nombre de physiciens, en Allemagne, en Autriche et en Italie.

TOPOGRAPHIE ET HYDROGRAPHIE PAR LES COULEURS.

8° Fin février 1855. Lors et pour la guerre d'Orient, j'ai offert au gouvernement l'étrenne d'un nouveau système de topographie, lequel consiste à représenter la série des hauteurs au-dessus du niveau de la mer, ou celles des profondeurs en dessous, au moyen de la série des couleurs des anneaux colorés de Newton. Cette innovation pare du même coup à tous les graves inconvénients que présentent, pour les cartes topographiques, les hachures, impropres à la fois à la représentation des pentes très rapides, des pentes très douces et des pentes très courtes (chemins en remblai et chemins creux, profondeurs des précipices et des puits). Cette invention des cartes hydrographiques d'après le système proposé pour la topographie, c'est-à-dire où les divers ordres de profondeurs sont représentés par la série des couleurs des anneaux colorés de Newton, serait précieuse pour la marine ; car une semblable carte, placée sur le compas ou boussole, garde son orientation et peut servir de carte de pilote près des côtes et au-dessus des bas fonds de la mer. On pare ainsi aux inconvénients graves des cartes hydrographiques en usage, lesquelles présentent entre autres défauts celui du fourmillement produit sur la vue par les chiffres représentant les profondeurs.

Je n'ai pas eu le bonheur de faire comprendre tous les avantages considérables qui doivent résulter de l'adoption de ma proposition toute gratuite.

Peu de temps après, le secret de mon invention ayant été en partie ébruité, plusieurs gouvernements d'Allemagne, ainsi que nombre de particuliers, profitèrent de l'idée. Ces derniers, en la mettant en pratique sur une grande échelle, en firent une riche spéculation. Mais comme, entr'autres choses, tous ignoraient mon mode de graduation des teintes, lequel donne l'aspect artistique des reliefs et des profondeurs, ils n'arrivèrent qu'à une topographie ayant l'aspect bigarré des cartes géologiques.

PULSATIONS ET OSCILLATIONS.

10° 1857. Au congrès des savants allemands à Bonn, j'ai communiqué mes expériences physiologico-mécaniques, relatives à l'influence qu'exercent des corps oscillants sur les organes susceptibles de mouvements rythmiques et *vice versa*. 2° Sur les pulsations de deux cœurs rendues isochrônes par le contact médiat ou immédiat des mains, pour faire suite aux expériences de Savart sur la théorie des battements musicaux.

Ces expériences donnent l'explication des tables tournantes.

GÉOGRAPHIE, GLOBES, IMPRIMERIE PÉRIPHÉRIQUE.

11° En 1854, j'ai créé un système tout mécanique, d'une précision extrême, pour dresser et graver rapidement la cartographie sur type de globes et de concavisphères terrestres et célestes.

12° A la même époque, j'ai étendu considérablement le champ d'action de l'art d'imprimer, en imaginant toute une série de procédés divers pour l'impression sur des surfaces de forme quelconque et en outre sur des substances de nature très diverses. Le but principal de cette innovation était d'arriver à imprimer : 1° des globles terrestres ou célestes, avec une exactitude rigoureuse et d'un seul coup, sur toute la périphérie, de substances inaltérables, comme les cérames, bon marché comme le plâtre ou souple et légère comme la moleskine.

SOLUTION INTÉGRALE DU PROBLÈME DE LA CARTOGRAPHIE TERRESTRE .

13° — *2° Ce procédé permet d'imprimer des hémisphères terrestres concaves, dans le but d'offrir à la vue le moyen de contempler simultanément et sans altération aucune, l'image de près de la moitié de la surface terrestre, et d'autre part, de donner l'aspect vrai des constellations au ciel, ce qui constitue le désidératum de la carthographie.*

Mes globes et concavisphères (à peine ébauchés) ont figuré à l'exposition universelle de 1862. à Londres (classe 13 et 29), voir les rapports de MM. Mathieu, membre de l'Institut, et Rapet, inspecteur général de l'enseignement.

Il a fallu quatre années pour faire de l'orographie une œuvre achevée, ce qui a eu lieu, grâce à la sollicitude du général Blondel, qui a désigné un des plus habiles graveurs du dépôt de la guerre, pour accomplir cette œuvre.

En 1867. Les concavisphères ont figuré à l'exposition universelle de Paris (classe 13 et 89), voir les rapports élogieux de MM. le baron de Watteville, chef de bureau au Ministère de l'Instruction publique et de M. le colonel d'état-major Feri-Pisani.

MM. Jomard, Elie de Baumont, Guignaut, le baron Seguier et Longet, membres de l'Institut, ont chaudement invoqué l'appui du gouvernement pour cette œuvre, et en 1861 M. Rouland a accordé provisoirement un encouragement de 2,500 francs.

Mémoire, présenté en 1858 à l'Association britannique, siégeant à Leeds, pour l'avancement des sciences, sur un nouveau système de presses à la fois typographiques, lithographiques et à taille douce pour imprimer des substances très diverses de nature en cérames, cuirs, étoffes, etc. de forme quelconque, sans déformation aucune par le tirage.

Voir le journal anglais the Ingeneer, novembre 1858. The universel press of M. Silbermann.

NOUVEAU MODE DE PROJECTION GÉOGRAPHIQUE.

15° 1855. J'ai imaginé un système de projection géographique à plat, atteignant le minimum absolu de déformation perspective avec le maximum de superficie terrestre.

La carte, au lieu d'exiger plusieurs mois pour être dressée et gravée, peut l'être en quelques jours.

ORAGES.

16° En 1864, j'ai adressé à l'Académie des sciences de Paris un mémoire (voir les comptes-rendus) sur la structure des nuages orageux en forme de champignons, et l'existence (dans la base) d'un centre d'action électrique d'où semblent partir les éclairs et la foudre.

AURORES BORÉALES.

De 1869 à 1870, M. Charles Sainte-Claire Deville a successivement présenté de ma part, à l'Académie des sciences, cinq mémoires sur toutes les particularités des *aurores boréales,* constituant par leur ensemble une théorie nouvelle de ce beau phénomène. Cette théorie a été confirmée depuis, en mars 1870, par le révérend père Denza, directeur de l'observatoire de Moncalièri (en Piémont) dans un mémoire descriptif de l'aurore du 3 janvier 1870. En voici les termes : « Tous ces faits sont d'un grand intérêt pour la science, car ils confirment les vues théoriques exposées par M. Silbermann dans les comptes-rendus. »

Cette théorie confirme en même temps l'hypothèse de M. Charles Sainte-Claire Deville sur l'action exercée par les *corps célestes* sur la *météorologie terrestre.*

La curieuse observation faite par l'illustre général Sabine, président de la société royale de Londres, d'une aurore boréale, partant du sommet d'un nuage fixé contre un pic de l'île de Kay en Ecosse, a reçu sa pleine explication.

Les idées émises par M. Becquerel père sur l'électricité formée à la surface du sol, et, d'autre part, celle de nom contraire, formée à la surface des mers et dans les régions atmosphériques, ont reçu une nouvelle confirmation.

Enfin la théorie des mouvements tournants, exposée par

M. Marié-Davy, a aidé à expliquer certains faits importan[t]
qu'on attribuait au magnétisme terrestre, et, par là, l'étud[e]
des bourrasques acquiert une importance inattendue.

Je rédige en ce moment un mémoire complémentaire, résu[-]
mant l'ensemble des nombreux faits d'observations qui corr[o-]
borent les diverses causes qui concourrent à la productio[n]
de ces beaux phénomènes, ainsi que les lois qui les régissen[t]

BOLIDES, FAITS NOUVEAUX.

18° De 1865 à 1870, j'ai adressé 5 mémoires ou notes [à]
l'Académie des sciences, puis j'ai fait une série de commun[i-]
cations d'une part à la société de météorologie , une [à]
M. Alexandre Herschel, et enfin une autre au congrès annu[el]
des savants suisses, en 1868. Ces mémoires et notes renfe[r-]
ment les résultats de mes observations relatives aux phén[o-]
mènes physico-mécaniques présentés par un grand nomb[re]
de bolides et d'étoiles filantes.

Ensemble de faits d'où résulte la grande analogie qu[e]
ces petits corps célestes présentent avec les planètes : 1° comm[e]
forme, 2° comme structure par couches concentriques.

19° — 3° Par les mouvements de rotation autour d'un a[xe]
plus ou moins incliné sur la trajectoire. (Il est permis de su[p-]
poser que c'est principalement à cette position de l'axe de rot[a-]
tion, par rapport à la trajectoire, qu'il faut attribuer l[es]
caractères particuliers que présentent les catastrophes do[nt]
ces petits astres sont victimes quand ils traversent l'atmo[s-]
phère terrestre.)

20° — 4° J'ai été assez heureux de pouvoir observer plusieu[rs]
de ces phénomènes qui justifient pleinement l'hypothèse d[es]
explosions partielles émises par M. Daubrée, de l'Institu[t]
lequel a été le présentateur de mon mémoire, à ce sujet, [à]
l'Académie.

21° — 5° En novembre 1866, je me suis empressé de co[m-]
muniquer à l'Académie le fait intéressant de deux bolid[es]
animés d'un mouvement de révolution, l'un autour de l'aut[re]
dont je venais d'être témoin.

22° — 6° Enfin en 1869. j'ai décrit l'apparition le 8 avril, d'[un]
gros bolide, ayant l'apparence d'un disque parfait, alterna[ti-]
vement bleu et blanc (comme s'il tournait autour d'un a[xe]
perpendiculaire à la trajectoire), s'avançant très lenteme[nt]
(à une hauteur de 30° à 40°) du sud vers le nord, et suiva[nt]
une trajectoire s'étendant presque d'un bout de l'horizon [à]
l'autre. Or, le 15 juillet de la même année, M. Arnoult,
journal de l'Institut, fut, à Vendôme, le témoin d'une appa[ri-]
tion identique, excepté en un seul point, celui du specta[cle]
d'une explosion.

Enfin le 5 octobre suivant, M. le docteur Grüby observa [un]
bolide en tout point identique à l'apparition du 8 avril.

Fait qui m'a permis de conjecturer que ces trois appa[ri-]

tions pouvaient fort bien être rapportées à un seul et même bolide, lequel a sans doute été réduit (momentanément, jusqu'à destruction complète) à l'état de satellite par l'attraction terrestre. (Voir les nouvelles météorologiques).

Je crois avoir été assez heureux par là de pouvoir fournir aux géologues et aux astronomes, d'intéressants matériaux de dicussion.

En décembre 1869, la société météorologique a honoré mes travaux, en me nommant l'un de ses vice-présidents.

D'avril 1869 à juillet 1870, j'ai fait vingt-sept communications à la société météorologique, savoir : 1° que le vent qui amène les nubécules aurorifères est de S.-E. Tandis qu'au-dessus règne un vent de N.-E. c'est-à-dire à angle droit. Que ces deux vents donnent l'explication de toutes les apparences de mouvement des aurores ; 2° diverses communications sur les aurores boréales ; 3° les bolides ; 4° l'existence de neige soyeuse ; 5° les améliorations à introduire, 1° dans les observations pluviométriques ; 2° sur la direction et la force du vent.

23° — 5° Sur la cause probable et le lieu véritable d'émission du choléra-morbus (la vallée supérieure de l'Indus, royaume de Lahore), ainsi que sur la nature des terrains (les terrains vaseux chargés de matières animales) qui facilitent ses stationnements funestes et ses immigrations.

24° — 6° Sur quelques-unes des causes produisant la gelée des plantes.

25° — 7° Les mirages à Paris. 8° Sur les particularités que présentent certaines espèces d'orages.

MONTGOLFIÈRES.

26° Les services que les sciences sont en droit d'attendre du perfectionnement des montgolfières, particulièrement la météorologie, l'astronomie, la géographie et la géologie. Travail continué expérimentalement par ordre du gouvernement de la délégation à Tours, dans l'intérêt de la défense nationale, dont un rapport détaillé, sur les résultats atteints par ces recherches sera présenté au ministre de l'instruction publique.

Travaux en œuvre pour être publiés prochainement.

Histoire naturelle des nuages.— Notes pour servir à une théorie de la grêle, fondée sur l'observation directe.

Une théorie de la formation des orages, résultant d'observations nombreuses.

Un grand mémoire résumé et complémentaire sur la théorie des aurores boréales.

Un grand mémoire sur l'ensemble de faits résultant des observations d'étoiles filantes et de bolides.

Mémoire sur la coloration des nuages.

Une nouvelle classification des apparences électriques des nuages, fondée sur des milliers d'apparitions.

Observations d'un nouveau genre, venant à l'appui de la théorie de M. Elie de Beaumont, sur les causes de la configuration terrestre.

Mémoire sur les principes de la technologie ou organologie industrielle.

Applications à l'imprimerie.

Expérience sur les erreurs de perception des sens.

CARTES MICROSCOPIQUES.

Enfin, durant cette guerre désastreuse, un fait signalé par tout le monde, a été la pénurie de cartes géographiques, et, particulièrement de celles de l'état-major. J'ai cherché à satisfaire rapidement, et à un prix de revient infime à ce besoin impérieux, en faisant tirer des images microphotographiques des grandes cartes ; et fixant ces cartes microscopiques sur des loupes Stanhope. Ces petites cartes ont l'avantage immense sur les grandes, non-seulement de ne pas être encombrantes, puisqu'on peut porter un riche atlas dans un bijou breloque : mais surtout encore, parce que ces cartes peuvent être instantanément consultées de jour et de nuit, quelque temps qu'il fasse. La nuit, la clarté de la flamme d'une bougie, ou bien celle d'une braise incandescente derrière l'image, suffit pour en faire la lecture. Le prix de revient n'est guère que de 20 à 25 centimes. Leur commodité extrême les fera consulter plus souvent. Cette invention, sera non moins précieuse pour tous les voyageurs, mais surtout pour les explorateurs. La jeunesse trouvera dans ce bijou, un moyen agréable et à bas prix pour étudier la géographie.

Ma sœur m'a fait remarquer que le plan des grandes villes reproduit de cette façon, serait très précieux pour les étrangers.

En tout, 12 mémoires ou notes à l'académie des sciences.

1 au bulletin des sociétés savantes de France — 27 communications à la société météorologique de France.

7 communications aux congrès des savants étrangers.

19 communications à divers journaux de sciences et sociétés savantes.

17 rapports favorables aux expositions universelles de 1855 — 1862 — 1867, et à Amsterdam en 1869.

Cluny, impr. J.-M. Demoule.